# PSICHÉ,

## BALLET PANTOMIME

## EN TROIS ACTES,

Par le Citoyen GARDEL;

*Représenté pour la première fois sur le Théâtre des Arts, le 14 Décembre 1790;*

*Et remis le*



Prix 10 livres.

*A PARIS,*

De l'Imprimerie de P. DELORMEL, Imprimeur dudit Théâtre.

1795.

## TRÈS-COURTES RÉFLEXIONS DE L'AUTEUR.

*DEPUIS long-temps mes amis me conseilloient d'essayer mes foibles talens sur le sujet de* PSICHÉ, *sujet immortalisé par le divin* LAFONTAINE. *D'abord mes refus étoient constans; parce que je savois que MM.* NOVERRE *et.* D'AUBERVAL *avoient tous deux donné des preuves de leur génie sur ce même sujet, et que je craignois les comparaisons qui ne pouvoient tourner qu'à mon désavantage; cependant je lus les Programmes de ces deux maîtres, et je m'apperçus qu'ils n'avoient aucune ressemblance, et que par conséquent ils ne pouvoient être comparés. Cela fit luire en moi un rayon d'espérance: je pris aussitôt* APULÉE, LAFONTAINE, MOLIERE, *et le charmant Poëme de M. l'Abbé* AUBERT, *et je vis qu'il m'étoit aussi possible d'éviter d'être comparé à MM.* NOVERRE *et* D'AUBERVAL, *qu'il avoit été facile à ce dernier de l'être à M.* NOVERRE. *Au même instant je me mis à l'ouvrage, et je ne sais encore si, à l'aide des idées que les grands Poëtes que je viens de nommer m'ont données et inspirées, je suis parvenu au but que je m'étois proposé.*

*Je ne doutois pas que quelques personnes répandroient* (comme elles l'ont déja fait), *que ce Ballet n'est pas de moi: mais je me suis rappellé qu'elles avoient mis, l'an passé, mon Télémaque sur le compte de plusieurs artistes qui n'y avoient jamais pensé; et cela ne m'a pas arrêté, peut-être est-ce un malheur; peut-être aussi ai-je été trop téméraire d'oser me mesurer avec deux adversaires aussi redoutables; mais la carrière des arts, ainsi que celle des armes, ne se parcourent pas sans cette témérité, qui souvent assure le succès. Au reste, si l'on veut bien comparer les trois Programmes, on me saura gré du moins, d'avoir cherché à vaincre les difficultés que la crainte de la ressemblance m'a présentées à chaque Scène de mon Ouvrage.*

# PERSONNAGES.

| PERSONNAGES. | ACTEURS. |
|---|---|
| JUPITER | Le citoyen *Le Bel.* |
| VÉNUS | La citoyenne *Clotilde.* |
| L'AMOUR | Le citoyen *Vestris.* |
| L'HYMEN | Le citoyen *Deshayes.* |
| ZÉPHIRE | Le citoyen *Nivelon.* |
| FLORE | La citoyenne *Perignon.* |
| TERPSICORE | La citoyenne *Chevigny.* |
| APOLLON | Le citoyen *Gardel.* |
| MERCURE | Le cit. *Saint-Amand.* |
| HÉBÉ | La cit. *Simon* cadette. |
| HERCULE | Le citoyen *Huard.* |
| TISIPHONE | Le citoyen *Goyon.* |
| MÉGÈRE | Le citoyen *Deschamps.* |
| ALECTON | Le citoyen *Cantagrelie.* |
| LES PARQUES | Les citoyennes *S.-Leger.* *Barbier.* *Gabriel.* |
| LA HAINE | Le citoyen *Simonet.* |
| L'ENVIE | Le citoyen *Milton.* |
| PSICHÉ | La citoyenne *Miller.* |
| SATURNE | Le citoyen *Duce.* |
| CYBELLE | La citoyenne *Dupré.* |
| MARS | Le citoyen *Lhuillier.* |

| PERSONNAGES. | ACTEURS. |
|---|---|
| LE PERE DE PSICHÉ.. | Le citoyen *Millon*. |
| LA MERE DE PSICHÉ.. | La citoyenne *Aubry*. |
| LES DEUX SŒURS DE PSICHÉ. | La citoyenne *Jacotot*. |
| | La citoyenne *Millière*. |
| LEURS ÉPOUX..... | Le citoyen *Deschamps*. |
| | Le cit. *Saint-Amand*. |

## *ZÉPHIRS ET AMOURS.*

Les citoyens *François*, *Duport*, *Soisson*, *Romain*, *Léon*, *Petitpas*, *Anatone*, *Henry*.

Les citoyennes *Louise*, *Pauline*, *Fargeton*, *Duport*, *Alexandrine*, *Caroline*, *Eugénie*, *Délisle* cadette.

## *LES MUSES.*

| | |
|---|---|
| CALLIOPE.......... | La citoyenne *Aubry*. |
| MELPOMÈNE........ | La citoyenne *Hortence*. |
| THALIE............ | La cit. *Duchemin*. |
| POLYMNIE.......... | La cit. *Saint-Romains*. |
| ÉRATO............. | La citoyenne *Hutin*. |
| EUTERPE........... | La cit. *Vestris*, aînée. |
| URANIE............ | La citoyenne *Grenier*. |
| CLIO.............. | La cit. *Laneuville*. |
| TERPSICORE........ | La citoyenne *Chevigny*. |

UN PETIT CUPIDON.. La citoyenne *Delisle*.

## NYMPHES.

Les citoyennes *Millière*, *Laneuville*, *Rasilly*, *Barrée*, *Félicité*, *Langlois*, *Léon*, *Peulier*, *Étienne*, *Gabriel.*

## DÉMONS.

Les citoyens *Beaupré*, *Coulon*, *Guineté*, *Auguste-D. Eve*, *Honoré*, *Borda*, *Saint-Pierre*, *Jolly*, *Largière*, *Colbert*, *Adenet*, *Jourdan*, *Duriau*, *Marcelin.* Six Compars.

## JEUNES AMANS.

La citoyenne *Saint-Romain.*

Les citoyens *Delaharpe*, *Guillet*, *Bignon*, *Blanche*, *Pernon*, *Cantagrelle*, *Auguste-D. Jolly.*

Les citoyennes *Denise*, *Lacoste*, *Peulier*, *Telle*, cadette.

Les citoyens *Barrié*, *Langlois*, *Etienne*, *Olivier.*

## PRÊTRESSES DE VÉNUS.

Les citoyennes *Barbier*, *Saint-Léger*, *Dupré*, *Dufayel*, *Agathe*, *Aglai.*

## LES PLAISIRS.

Les citoyens *Pernon*, *Richard*, *Casimie*, *Petit*.

Les citoyennes *Barrié*, *Félicité*, *Lely*, *Olivier*.

## LES JEUX.

Les citoyens *Delahaye*, *Biguen*, *Blanche*, *Caster*.

Les citoyennes *Denise*, *Lacoste*, *Peulier*, *Telle*, cadette.

## LES RIS.

Les citoyens *Marette*, *Frossard*, *Putaud*, *A. Petit*.

Les citoyennes *Etienne*; *Eugène*, *Deslauriers*, femme; *Élise*.

## PETITS PLAISIRS.

Les citoyens *Biquir*, *Beaudry*, *Rivierre*, *C. Lefèvre*.

Les citoyennes *Boilet*, *Victoire*, *Laneuville*, *C. Gabrielle*.

---

PSICHÉ.

# PSICHÉ,

## *BALLET D'ACTION.*

## ACTE PREMIER.

*Le Théâtre représente une vaste campagne sur la gauche, et sur le devant est un temple en colonnades, consacré à Vénus : la statue de cette Déesse est dans le milieu ; sur la droite, et fort éloigné, l'on voit l'extérieur d'un superbe palais, appartenant au père de Psiché : la mer est au fond, qui se brise au pied d'un rocher extarordinairement élevé.*

### SCÈNE PREMIÈRE.

Après le lever de la toile, Zéphyre paroît avec la légèreté qui le caractérise. Il fait entendre qu'il a reçu l'ordre d'attendre en ce lieu. Pour se désennuyer il le parcourt en folâtrant, en bondissant ; ses différens mouvemens agitent un peu les eaux, il s'en apperçoit et s'en amuse. Il s'approche, les flots se gonflent ; il s'en éloigne, les eaux s'abaissent.

---

## SCÈNE II.

L'Amour arrive ; Zéphyre vole à son ami : l'Amour lui peint le tourment de son cœur : il lui dit qu'il n'a pu échapper lui-même à la force de ses traits, qu'il s'est blessé, et qu'il a fait serment d'épouser une mortelle, mais dont la beauté est égale à celle des divinités de l'Olympe. Zéphyre marque son étonnement ; l'Amour lui montre le palais, ( demeure de celle dont son cœur a fait choix ) ; ensuite il l'amène vers le temple de Vénus, et lui fait entendre que cette Déesse même est jalouse de la beauté de Psiché ; un bruit qui annonce une fête, force Zéphyre et l'Amour à s'éloigner.

## SCÈNE III.

Une troupe de jeunes amans, portant des corbeilles de fleurs, des guirlandes, des couronnes, *etc.* viennent en dansant faire leurs offrandes à Vénus. Ces jeunes amans forment des grouppes agréables, des danses voluptueuses, supplient la Déesse d'être propice à leurs vœux et de couronner leurs tendresses.

## SCÈNE IV.

Les portes du palais s'ouvrent : on en voit sortir le père et la mère de Psiché, leurs deux filles avec leurs époux, et ensuite la belle Psiché, tenant une corbeille pleine de colombes; les jeunes amans se prosternent devant eux et les prient de se mêler à leurs jeux. Les nouveaux époux dansent; après quoi Psiché marche vers le temple de Vénus pour lui porter son offrande, tout le monde la suit : Psiché s'agenouille et fait sa prière. Le tonnerre gronde, les colombes s'envolent et la statue de la déesse disparoît ; ce miracle étonne tous ceux qui en sont les témoins ; et ils sont tellement effrayés qu'ils entrent tous dans le palais du du Roi, à l'exception de Psiché.

---

## SCÈNE V.

Psiché restée seule regarde de tous côtés, et paroît surprise de se voir abandonnée ; mais le bruit cesse et remet le calme dans ses esprits : elle cherche imprudemment à découvrir la cause du miracle, elle s'approche du temple, reste un instant immobile, s'approche encore, monte les degrés ; enfin elle pousse la hardiesse au point de monter sur l'autel où étoit placée la statue de Vénus, et en prend même la position : enchantée de cet acte de témérité, elle descend, court appeller ses parens, et revole aussitôt se replacer sur l'autel.

---

## SCÈNE VI.

Tout le monde revient ; le père et la mère de Psiché et les jeunes amans font un geste d'admiration; ils trouvent Psiché belle comme Vénus elle-même, et ils lui rendent les mêmes honneurs qu'ils viennent de rendre à la divinité. Psiché les reçoit avec un air de grandeur, lorsque le tonnerre gronde de nouveau; la foudre éclate et se précipite sur le palais du père de Psiché. Psiché tombe évanouie dans les bras de sa mère, qui elle-même est soutenue par ses autres enfans; le père désolé les regarde, les jeunes amans forment différens tableaux qui expriment la frayeur mortelle que leur a causée l'éclat de la foudre : enfin le temple de Vénus, en s'écroulant, laisse voir l'inscription suivante, que l'orchestre peint à mesure qu'elle paroît; tout le monde la lit avec l'expression du malheur qu'elle annonce :

A Psiché, conduite en coupable,
Avec l'appareil de la mort,
Sur cette roche épouvantable,
uUmonstre doit unir son sort.

Le père dit qu'il n'obéira point à cet ordre inhumain; lui, la mère et leurs enfans s'offrent pour subir ce sort cruel. Mais cette autre inscription leur en ôte l'espoir :

En vain, pour expier son crime,
Parens, amis, s'offriroient tous ;
Vénus, dans son juste courroux,
Veut Psiché seule pour victime.

Alors le désespoir s'empare des malheureux parens de Psiché ; les larmes, les sanglots, la douleur les accablent ; ils entourent la pauvre victime, la serrent dans leurs bras, et ils l'emmènent dans le palais pour la parer du crêpe funèbre.

## SCÈNE VII.

L'Amour revient et montre à Zéphyre, qui le suit, tout son désespoir ; il lui dit qu'il n'a plus d'espérance que dans son amitié ; il lui fait voir le rocher où Psiché doit périr, et le prie de s'y tenir prêt à servir sa passion.

## SCÈNE VIII.

Vénus arrive : elle marche vers la porte du palais avec une précipitation qui fait voir l'agitation de son âme, et elle fait un geste qui peint la haîne qu'elle porte à Psiché; appercevant son fils, Vénus court à lui, l'embrasse, lui fait part de l'affront qu'elle vient de recevoir, et du projet qu'elle a conçu de perdre Psiché; elle lui dit encore que c'est sur lui qu'elle compte pour exécuter sa vengeance. L'Amour cache sa surprise, et d'un air malin il promet tout à sa mère, mais il se retourne et dit à Zéphyre que ses promesses sont autant de feintes. Vénus charmée de la docilité de son fils, lui témoigne sa satisfaction, et se prépare à le quitter : on voit sortir des flots un char brillant prêt à recevoir la Déesse : ce char est porté par des Tritons; Glaucus, une conque à la main, le précède; les Ris, les Jeux le conduisent, et les Néréides dansent autour : l'Amour et Zéphyre montent sur le rocher pour accompagner Vénus; ils la suivent des yeux, et lorsqu'ils l'ont perdue de vue, l'Amour part en recommandant à Zéphyre de bien saisir le moment.

## SCÈNE IX.

Une marche lugubre annonce la pauvre victime : tout le monde l'entoure. Ses parens sont au comble du désespoir. Psiché veut en vain les consoler ; la mort seule peut appaiser une telle douleur : enfin, après les adieux les plus tendres et les plus cruels, Psiché marche, tout le monde la conduit en pleurant ; elle gravit lentement le rocher, en cherchant à cacher ses larmes à ses parens et à ses amis qui restent au pied, et lorsqu'elle est arrivée au sommet, elle se jette à genoux en tendant les bras à sa mère : mais cette mère malheureuse ne pouvant soutenir un aussi déchirant spectacle, tombe presque morte : pendant qu'on s'empresse à la secourir, et qu'on l'entraîne dans le palais, Zéphyre, fidèle aux ordres de l'Amour, enlève Psiché qui est dans le plus grand évanouissement.

*Fin du premier Acte.*

# ACTE II.

*Le Théâtre représente l'intérieur d'un superbe palais élevé par l'Amour ; sur un côté est une toilette ornée de tous ses accessoires : des glaces, et sur-tout des tableaux analogues aux différens triomphes de l'Amour, embellissent ce sallon, plusieurs portes sont au fond. Il fait nuit.*

## SCÈNE PREMIÈRE.

Zéphyre descend Psi[illegible] un lit de repos, et sort pour prévenir l'Amour du succès de son entreprise. Après quelques instans Psiché revient de son évanouissement ; mais se croyant dans le plus affreux désert, et prête à être dévorée, tout l'effraie, le bruit le plus léger la fait trembler ; elle pleure, plaint ses malheureux parens : la situation de sa mère ne peut sortir de son esprit agité, et ses larmes coulent en abondance. Cependant le chant agréable des oiseaux vient dissiper un peu la douleur de la belle Psiché : l'obscurité les lui cache, mais rien ne la prive de les entendre. Elle se lève et cherche une issue pour échapper aux ténèbres, lorsque ses oreilles sont frappées d'un bruit terrible : elle se croit perdue, dévorée, et retombe sur le lit de repos.

---

## SCÈNE II.

Mais quelle est sa surprise ! une voix douce et enchanteresse répand les sons les plus touchans ; c'est l'Amour qui peint à Psiché l'ardeur de la plus tendre passion. Psiché écoute avec attention, elle croit rêver ou s'être trompée ; elle s'approche, écoute de nouveau, et paroît s'accoutumer à la voix du monstre. L'Amour veut saisir cet instant pour prendre la main de Psiché, mais un reste de frayeur la lui fait retirer avec violence : cet emportement met l'Amour au désespoir ; il soupire, il verse même quelques larmes. Psiché se sent émue, elle se reproche sa dureté pour un monstre qui n'a pas l'air de lui vouloir de mal, et se flatte déjà de l'apprivoiser; elle l'appelle : l'Amour vole sur ses pas; sa curiosité la porte à mettre les mains sur le monstre; mais nouvel étonnement et nouvelle crainte, quand elle s'apperçoit qu'il a pris la forme d'un homme; elle veut fuir, l'Amour la retient, se jette à ses genoux, et lui déclare avec tant de force et de douceur le feu qui le consume, qu'à peine a-t-elle le courage de refuser les tendres baisers qu'elle reçoit sur la main. Enhardie par la douceur et par les caresses de l'époux que la haîne de Vénus lui a donné, Psiché lui fait mille questions; l'Amour ne peut y répondre, et voyant le jour paroître, il sort en promettant de revenir le soir.

---

## SCÈNE III.

Le jour vient offrir à Psiché de nouveaux objets d'étonnement; tout lui semble extraordinaire dans ce séjour céleste. Elle en admire toutes les beautés ; mais elle en est peu flattée : elle cherche celui qu'elle brûle de voir, ouvre une des portes du fond, et pénêtre dans le sallon voisin.

## SCÈNE IV.

L'Amour arrive avec Zéphyre ; il lui témoigne sa reconnoissance du signalé service qu'il vient de lui rendre, et lui peint avec feu tous les transports que son ame éprouve : ensuite il supplie la Nuit d'être favorable à ses desirs, de hâter sa course, et d'étendre dans les airs ses voiles ténébreux. L'Amour appelle les personnages soumis à son empire ; il leur recommande de ne rien négliger pour les plaisirs de celle dont il a fait choix, et comme il entend Psiché, il rentre suivi de tout le monde.

## SCÈNE V.

La belle Psiché revient cherchant toujours et toujours inutilement ; elle s'assied devant la toilette, une symphonie mélodieuse se fait entendre; on voit paroître une troupe de Nymphes et de petits Zéphirs portant la robe nuptiale et toutes les parures qui peuvent contribuer à embellir la nature. Zéphire présente à Psiché un bouquet de diamants dont l'éclat la séduit; Flore lui en présente un de simples roses : celui-ci a la préférence sur tous les dons qui lui sont offerts; elle prend ce bouquet, et court à la toilette pour se l'attacher; en ce moment les petits Zéphirs grimpant sur la toilette, sur le miroir, sur le siége, couronnent Psiché de fleurs; Zéphire et les Nymphes différemment placées forment un groupe séduisant. Psiché reçoit cet hommage avec toute la modestie possible; les Nymphes s'empressent à l'envi de plaire à leur nouvelle maîtresse par des danses légères, vives et agréables. Flore et Zéphire dansent un pas à deux sujets. Flore d'une manière suave, et Zéphire bondissant toujours autour d'elle. Psiché accable les Nymphes de questions; mais elles n'y répondent qu'en dansant. Terpsicore paroît tenant une harpe dans ses mains. Elle propose à Psiché de danser; Psiché refuse par cause d'ignorance; mais Terpsicore lui dit que, si elle veut, en une seule leçon elle dansera aussi bien qu'elle; Psiché accepte et Terpsicore lui donne leçon sur tous les différens caractères de la danse. Psiché est enchantée, elle voudroit toujours danser; Zéphire, les Nymphes, Flore et les jeunes Zéphirs se mêlent à elles deux et forment plusieurs cadres desquels Psiché est toujours le tableau. Après quoi tout le monde sort et laisse Psiché encore enivrée de joie, de plaisir et d'étonnement.

---

## SCÈNE VI.

Rien ne paroît manquer au bonheur de Psiché; mais Vénus toujours occupée de venger son affront, saisit ce moment pour se présenter à elle sous les traits de sa mère; à cette vue inattendue, Psiché jette un cri de joie, c'est sûrement une nouvelle faveur de son époux; elle s'élance au cou de sa mère, la serre dans ses bras, et la tient étroitement embrassée : Vénus s'efforce de répondre aux caresses de sa rivale : Psiché lui peint sa félicité et l'excès de son bonheur ; elle lui montre son palais, ses rares beautés, et elle prie sa mère d'accepter sa robe nuptiale, gage de la manificence de son époux. Vénus demande à voir cet époux : Psiché embarrassée baisse les yeux ; elle ne sait que répondre à cette question ; cependant, pressée par les instances d'une mère qu'elle aime, elle répond, mais avec peine, qu'elle ne l'a point vu. A ce mot, Vénus feint de se désespérer, de plaindre sa malheureuse fille : Psiché se croit en effet livrée au monstre le plus affreux ; elle pleure sur le sein de celle qui jouit déjà des larmes qu'elle fait couler. Enfin Vénus prenant Psiché par la main, la mène au fond du Théâtre, ouvre une porte, et en lui faisant voir le monstre le plus affreux, elle lui dit : *tiens, voilà ton époux*. Psiché recule d'effroi. Vénus lui fait entendre qu'il faut qu'elle emploie tous les moyens possibles pour se délivrer d'un tel époux : elle lui offre un poignard, et la lampe funeste, en lui conseillant de les cacher jusqu'au moment où le monstre viendra. Psiché, quoiqu'à regret, prend le fatal présent et le cache. Vénus profite de cet instant pour jetter un bouquet de pavots sur le lit de repos, et elle part en donnant à Psiché les adieux les plus faux et en faisant voir sa joie cruelle.

---

## SCÈNE VII.

La pauvre Psiché se livre au chagrin que lui donnent les noires réflexions qu'elle est forcée de faire. L'idée d'avoir tenu ce monstre dans ses bras lui fait horreur, et ses larmes recommencent à couler.

---

## SCÈNE VIII.

Mais la voix douce de l'amant le plus tendre vient en ce moment sécher les larmes de la belle Psiché. Elle se sent aussi-tôt agitée d'un triple sentiment, du plaisir de l'entendre, de l'horreur qu'il doit lui inspirer, et de la

crainte

crainte de l'action qu'elle médite. Cependant un certain charme séducteur la rassure malgré elle ; elle s'approche; son cœur est plutôt porté pour l'amour que pour la haîne : elle lui doit d'ailleurs des remercîmens des biens qu'elle a reçus de lui ; elle lui parle de la leçon qu'elle a prise, en lui disant que s'il vouloit, elle en apprendroit plus avec lui. L'Amour empressé de jouir des caresses de celle qu'il aime, s'assied sur le lit de repos; mais il n'y est pas plutôt que le suc des pavots s'empare de ses sens; c'est en vain qu'il veut appeller sa chère Psiché, ses bras s'étendent, un assoupissement général le force à se livrer dans les bras du sommeil. . . un long silence effraye Psiché ; elle appelle son amant : point de réponse ; elle cherche, ne trouve rien ; elle écoute, mais inutilement : elle se croit déja délaissée. La curiosité l'emporte, elle court chercher la fatale lampe et le poignard. Aussitôt qu'elle les tient, un tremblement la saisit : elle veut marcher; ses genoux fléchissent : elle avance un pied, puis l'autre ; son ombre qui la suit lui fait tellement peur, qu'en voulant l'éviter elle tombe à côté du monstre; mais quel est son étonnement et l'excès de sa joie, lorsqu'elle reconnoît le plus beau des Dieux, l'Amour enfin! Aussitôt le poignard échappe de ses mains; elle ne peut se lasser d'examiner ce Dieu. Elle se reproche sa barbarie, ne croit point à son bonheur, et elle se jette à genoux pour rendre graces aux Dieux de l'époux qu'ils lui ont donné. Enfin rien ne contient plus son ravissement, elle veut baiser son époux... mais une étincelle de la lampe tombe et brûle la cuisse de l'Amour. Ce Dieu se lève avec précipitation : il accable Psiché de reproches sanglans et il part au désespoir malgré les instances, les larmes, les prières et les cris de son amante.

## SCÈNE IX.

Au même instant le Palais disparoît et laisse Psiché dans le plus affreux désert. Vénus ne tarde pas à venir s'emparer de sa proie : et pour mieux tourmenter sa victime, elle appelle l'implacable Tisiphone qui fend la terre, accompagnée de ses sœurs et de quelques démons ; et par l'ordre de Vénus, elle saisit Psiché, l'enlève et la descend aux enfers.

*Fin du second Acte.*

---

# ACTE TROISIEME.

*Le Théâtre représente la partie la plus affreuse des enfers. Le Phlégéton roule ses flots enflammés dans le fond. Un volcan s'avance sur le fleuve. Des antres, des montagnes sont des différens côtés. On voit la retraite de Cerbère.*

---

## SCÈNE PREMIÈRE.

PSICHÉ paroît dans le plus grand désespoir ; ces lieux où elle se trouve lui font horreur : mais la mort est moins cruelle pour elle que la perte de son époux.

## SCÈNE II.

Tisiphone, Alecton, Mégère, l'Envie, la Haîne, et quelques autres démons armés de serpens venimeux, viennent successivement porter la mort dans le cœur de Psiché. Ils la poursuivent, et l'ayant bientôt attrapée, ils l'attachent dans un antre obscur, repaire des serpens. Ensuite ils vont chercher la robe nuptiale que Psiché avoit cru donner à sa mère. Ils la montrent à Psiché, et la jettent dans un gouffre de feu. Ce spectacle est plus affreux pour la sensible Psiché, que la piquure des serpens n'est cruelle. La rage des filles de l'enfer n'étant assouvie qu'à moitié, elles détachent Psiché, et après s'être armées de poignards et d'épées flamboyantes, elles forcent Psiché à monter sur le sommet du volcan. En ce moment, Cerbère lâché par l'ordre de Tisiphone, fait entendre ses épouvantables aboiemens ; il poursuit Psiché, qui, de frayeur, tombe au milieu du fleuve. Les horribles Furies se réjouissent par des danses infernales.

## SCÈNE III.

Vénus voulant jouir des tourmens de sa rivale, vient, et ne la voyant pas, elle demande ce qu'elle est devenue : Tisiphone lui explique tout ce qu'a essuyé la pauvre Psiché : ce n'est pas assez, dit Vénus, et elle ordonne aux démons de la ramener.

## SCÈNE IV.

Le Théâtre s'ouvre, on en voit sortir Psiché au milieu d'un groupe de démons, tenant des torches ardentes ; Vénus la fait attacher à un énorme rocher, et mille tourmens sont inventés pour accabler la malheureuse Psiché ; elle n'y résiste plus, ses genoux s'affoiblissent à un tel point, qu'elle tombe sans force sur ce même rocher. Les Parques paroissent. Déjà le fil des jours de Psiché est étendu : le fatal ciseau est prêt à le trancher ; la cruelle Atropos n'attend plus que l'ordre de Vénus. Psiché r'ouvre les yeux pour sentir l'excès de son malheur ; elle fait encore un geste pour demander grace, et elle se jette aux genoux de la Déesse, qui jouit de voir enfin sa rivale à ses pieds ; mais elle la trouve encore si belle, que plus outrée que jamais, elle prononce l'arrêt. Le fil est tranché, et Psiché tombe morte.

---

## SCÈNE V.

Au même instant l'Amour arrive. Ce tableau le met dans une telle fureur qu'il poursuit les filles de l'enfer ; ces cruelles furies n'échappent à la colère du Dieu, qu'en se précipitant dans différens abymes. Ensuite l'Amour revient accabler Vénus de menaces et de reproches : il brise ses traits, son arc, son carquois, et les jette aux pieds de sa mère ; il déchaîne sa chère Psiché, et pleure dans les bras de celle qu'il adore. Vénus, que le malheur de son fils touche et attendrit, emploie la puissance suprême de son père.

## SCÈNE VI *et dernière.*

Le tonnerre gronde : l'enfer se couvre de nuages, c'est Jupiter qui descend et qui rend la vie à Psiché. Ensuite il donne à Vénus la couronne de l'immortalité que cette déesse place sur la tête de Psiché. L'Amour et elle embrassent les genoux du père des Dieux, qui fait un geste ; aussi-tôt les nuages se dissipent et laissent voir l'Olympe. L'Hymen est au milieu : il enchaîne les deux amans de fleurs. Hébé, par ordre de Jupiter, leur présente la coupe nuptiale. Ces nœuds et cet apothéose sont célébrés par une superbe fête, dans laquelle se mêlent plusieurs Divinités de l'Olympe.

*Fin du Ballet.*

www.ingramcontent.com/pod-product-compliance
Lightning Source LLC
LaVergne TN
LVHW010309230826
846091LV00007BB/2786

* 9 7 8 2 0 1 9 1 8 9 0 5 1 *